Rainer Stablo

2020:

AMI GO HOME

Denkanstöße

Bibliographische Information der Deutschen Nationalbibliothek:
Die Deutsche Nationalbibliothek verzeichnet diese Publikation in der
Deutschen Nationalbibliografie, detaillierte bibliografische Daten sind im
Internet über http://dnb.dnb.de abrufbar.

Das Werk einschließlich aller seiner Teile ist urheberrechtlich geschützt.

© 2020 Rainer Stablo
Herstellung und Verlag
BoD – Books on Demand, Norderstedt

ISBN 978-3-73579-414-7

2020:

AMI GO HOME

Die Zeit des Nachdenkens (Hugo Chávez: tiempo de reflexionar) ist endgültig vorbei! Die Situation ist eine andere. Die Zeit drängt in Zeiten des beschleunigten Klimawandels und der wachsenden Gefahr eines erneuten großen Krieges.

Es ist höchste Zeit für ein unabhängiges, freies und sozialistisches Deutschland im Dienste des Friedens in einer multipolaren Welt gleichberechtigter und selbstbestimmter Staaten, Länder, Nationen, Völker.

Allerhöchste Zeit, sich dafür endlich von der imperialistischen Bevormundung durch die Herrschenden in den USA zu befreien.

Zeit daher, die staatsterroristischen US-amerikanischen Truppen und Geheimdienste aus Deutschland unverzüglich nach Hause zu schicken.

Zeit, dass das Militär, Paramilitär und die Geheimdienste der übrigen NATO-Staaten Deutschland ebenso verlassen.

Zeit, dass Deutschland die fatale Mitgliedschaft in der NATO mit sofortiger Wirkung beendet!

Deutschland raus aus der NATO!

NATO raus aus Deutschland!

AMI GO HOME!

03.01.2020

Staatsterrorismus der USA

Spätestens nach der heutigen faktischen Kriegserklärung der USA gegenüber dem Iran und dem Irak ist die Welt eine andere als zuvor.

Der wirtschaftliche und militärische Staatsterrorismus der USA hat erneut eine rote Linie überschritten, diesmal eine zu viel:

Die von US-Präsidenten Donald J. Trump angeordnete Ermordung von

Qassem Soleimani und Abu Mahdi al-Muhandis,

der Erste Generalmajor und Kommandeur der zur iranischen Revolutionsgarde (IRGC) gehörenden schiitischen al-Quds-Einheit,

der Zweite Vize-Kommandeur der irakischen Volksmobilmachungseinheiten (PMU) und Kopf der zu diesen gehörenden schiitischen Kata'ib Hesbollah Miliz,

ist ein Schlag ins Gesicht aller Menschen, die insbesondere an Freiheit, Unabhängigkeit, Rechtsstaatlichkeit, Friedfertigkeit, Völkerrecht (und nebenbei auch Klimaschutz!) glauben und sie wird verheerende Auswirkungen haben.

Der tödliche Drohnen- bzw. Raketenangriff des US-Militärs in Bagdad zeigt erneut, dass die Regierenden in den USA nur das Gesetz des Dschungels kennen und respektieren – gegenüber Feinden wie Freunden.

Völkerrechtliche, rechtsstaatliche Standards in den außenpolitischen Beziehungen sind ihnen völlig gleichgültig und fremd, heuchlerische und arrogante Doppelstandards, Selbstjustiz, Anmaßung und Hybris sind an deren Stelle getreten. Das Recht des Stärkeren ist das einzige, welches für sie zählt und es wird mit immer brutaler werdender Gewalt – im Sinne des „America first!" – durchgesetzt.

Allerhöchste Zeit, dass Deutschland bzw. die Bevölkerung in Deutschland sich von solchen falschen „Freunden" verabschiedet und befreit und sich auf die richtige Seite der Geschichte stellt.

Ein kleiner, aber erster Schritt:

Dem bevorstehenden NATO-Kriegsvorbereitungs-Manöver, das unter der euphemistischen Bezeichnung „Defender 2020" firmiert, wird unverzüglich die politisch-militärische und logistische Unterstützung durch Deutschland entzogen.

Dieses aggressive NATO-Manöver richtet sich geschichtsvergessen, pünktlich zum 75. Jahrestag des Sieges der Alliierten, insbesondere Russlands, über den deutschen Faschismus, offen gegen den Siegerstaat Russland und verdeckt gegen die VR China und alle anderen Staaten der Welt, die sich dem politischen, wirtschaftlichen und militärischen Diktat der USA und der NATO nicht unterwerfen wollen.

Stattdessen sollte Deutschland dankbar an den russischen Feierlichkeiten zur Befreiung vom Faschismus teilnehmen, und gemeinsam mit allen Menschen, die die Geschichte nicht umschreiben wollen, den Opfern des Krieges ehrenvoll gedenken.

~~„Defender 2020"~~

Deutschland raus aus der NATO!

NATO raus aus Deutschland!

AMI GO HOME!

Fidel Castro Ruz

Die „Unabhängigkeit" ist „das Schönste in der Geschichte und Tradition eines Landes".[i]

„(…) es gibt eine Wahrheit, die wir alle vorrangig verinnerlichen sollten, die besagt, dass es ohne wirtschaftliche Freiheit keine politische Freiheit gibt. Die politische Unabhängigkeit ist eine Lüge, wenn es nicht auch die wirtschaftliche gibt."[ii]

"Der Imperialismus (…) treibt sein Unwesen. (…) Außerdem gibt es einen Herrscher über die Welt (…) die USA (…). In aller Welt entwickeln sich starke Nationalgefühle. Das ist nicht gut. (…) Die Welt muss internationalistische Gefühle entwickeln."[iii]

„Ein Staat, der sich nicht verteidigt, den zerfetzen sie."[iv]

Ho Chi Minh

„Nichts ist wertvoller als Unabhängigkeit und Freiheit".[v]

Ernesto Che Guevara

„Das strategische Ziel muss die Zerstörung des Imperialismus sein."

„Setzt man sich die Zerstörung des Imperialismus zum Ziel, muß man dessen Kopf identifizieren. Dieser Kopf ist kein anderer als die Vereinigten Staaten."

„Die reale Freiheit der Völker ist (…) der grundlegende Faktor dieses strategischen Ziels."[vi]

Rudi Dutschke

„die organisierte Internationale der Unterdrückung in der Gestalt der Vereinigten Staaten von Nordamerika"[vii]

Oskar Lafontaine

„Die Bundesregierung spricht von einem Eingriff in die Souveränität. Welch ein Irrtum. Souverän waren wir nie. Seit dem Zweiten Weltkrieg bestimmen die Amis bei uns über Krieg und Frieden. (...)

‚,‚Ami go home!" müsste das Motto der deutschen Politik sein, nachdem immer klarer wird, dass die mächtigste Militärmacht der Welt in zunehmenden Maße das Völkerrecht missachtet und die ganze Welt terrorisiert."[viii]

Gerhard Schröder

„Die USA wollen bestimmen, mit wem wir Handel treiben dürfen und mit wem nicht. Das dürfen wir nicht akzeptieren. Wir sind nicht der 51. Bundesstaat der USA."[ix]

Herbert Marcuse

„Die Konterrevolution ist weitgehend präventiv; in der westlichen Welt ist sie das ausschließlich. Hier gibt es keine neuere Revolution, die rückgängig gemacht werden müsste, und es steht auch keine bevor.

Und doch schafft die Angst vor einer Revolution gemeinsame Interessen und verbindet verschiedene Stadien und Formen der Konterrevolution von der parlamentarischen Demokratie über den Polizeistaat bis hin zur offenen Diktatur.

Der Kapitalismus reorganisiert sich, um der Gefahr einer Revolution zu begegnen, welche die radikalste aller historischen Revolutionen wäre: die erste wahrhaft *weltgeschichtliche* Revolution."[x]

Hugo Chávez

„Compañeros, lamentablemente, por ahora, los objetivos que nos planteamos no fueron logrados (...). (...) Ya es tiempo de reflexionar y vendrán nuevas situaciones y el país tiene que enrumbarse defintivamente hacia un destino mejor."[xi]

Grigori Jewsejewitsch Sinowjew, Wladimir Iljitsch Lenin

„Ja, wir sind garnicht prinzipielle Pazifisten, wir sind garnicht gegen alle Kriege. Wir sind gegen *ihre* Kriege, gegen die Kriege der Unterdrücker, gegen die imperialistischen Kriege, gegen Kriege, die gerichtet sind auf Verknechtung von Millionen und Abermillionen der werktätigen Massen."[xii]

Kurt Tucholsky

„Überzeugend ihre Stellung zu den Pazifisten. Zunächst: sie sind gar keine. »Wir sind gar nicht gegen alle Kriege. Wir sind gegen ihre Kriege« – und ›ihre‹ ist kursiv gedruckt und enthält eine Welt.

Endgültig festgestellt ist das Wesen der Kriege – denn immer wieder legen beide den größten Wert darauf, dass es das nicht gebe: den Krieg.

Sie schälen den wahren Grund, die wahren Ursachen des jedesmaligen Krieges heraus: den Nationalkrieg; den imperialistischen Krieg, wie der letzte einer war; den Krieg, den die Kolonie zu ihrer Befreiung von der Kolonialmacht führt ... und so fort. Und sie entscheiden danach, ob die ausgebeutete Klasse von ihrer Teilnahme einen Vorteil hat oder nicht.

Nur dies gilt."[xiii]

Joseph Weizenbaum

„Die Rettung der Welt hängt nur von dem Individuum ab, dessen Welt sie ist. Zumindest muss jedes Individuum so handeln, als ob die gesamte Zukunft der Welt, der Menschheit selbst, von ihm abhinge."[xiv]

Greta Thunberg

„Wenn die Leute an der Macht ihre Verantwortung nicht übernehmen, werden wir das tun."[xv]

Ernesto Che Guevara

„Die Pflicht jedes Revolutionärs ist es, die Revolution zu machen"[xvi]

...

———

Amilcar Cabral – Patrice Lumumba – Olof Palme – Salvador Allende – Maurice Bishop – Slobodan Milošević – Saddam Hussein – Muammar al-Gaddafi

…

———

Mohammad Mossadegh – Jacobo Árbenz Guzmán – José Manuel Zelaya Rosales – Fernando Armindo Lugo Méndez – Luiz Inácio Lula da Silva – Dilma Vana Rousseff – Rafael Correa – Evo Morales

…

———

Miguel Díaz-Canel – Nicolás Maduro – Kim Jong-un – Baschar al-Assad – Ali Chamene'i – Wladimir Wladimirowitsch Putin – Xi Jinping

…

———

2/3! – AGH – B. C. Vorerst – FFF – FreSoReD – GKL – KPiD – RLiD – VKPiD – SCO

…

01.01.2020

Weitergehende Denkanstöße zum Wechsel des Jahrzehnts:

Volksabstimmung über neue, plebiszitäre, direkt-demokratische, sozialistische Verfassung

Volksabstimmungen, Volksinitiativen, Volksbegehren auf allen Ebenen und zu allen wichtigen politischen, ökonomischen, ökologischen Angelegenheiten

Direktwahl und Direktabwahl von Leitungs- und Führungspersönlichkeiten in Politik, Wirtschaft etc. durch die Bevölkerung

Einseitige Nichtangriffserklärung gegenüber allen Staaten, Regionen, Ländern, Nationen, Völkern der Welt

Beendigung der Mitgliedschaft in der antisozialistischen, imperialistischen, militaristischen EU

Umbau der Bundeswehr zu sozialistischen Streitkräften, die ausschließlich der Selbstverteidigung des eigenen Territoriums und der Verteidigung des Territoriums Verbündeter gegenüber militärischen Angriffen von innen oder außen dienen

Politische und militärische Bündnisse nur mit Staaten etc., die antiimperialistischem, antikolonialistischem, antirassistischem, humanistischem Maßstab genügen

Vergesellschaftung/Verstaatlichung aller Rüstungskonzerne

Beschränkung der Rüstungsexporte auf militärisch Verbündete

Kapitalismus = Krieg und Klimakatastrophe

Sozialistische Konter-Konterrevolution

...

31.12.2019

Ergänzende Denkanstöße aus den Jahren 2017-2018:

1. Nach wie vor eine Interventionsmöglichkeit (2018):

https://weact.campact.de/petitions/deutschland-raus-aus-der-nato-nato-raus-aus-deutschland-1?just_launched=true

Deutschland raus aus der NATO! – NATO raus aus Deutschland!

2. VKPiD (2017):

Für ein unabhängiges, freies und sozialistisches Deutschland im Dienste des Friedens in einer multipolaren Welt gleichberechtigter und selbstbestimmter Völker!

Entwurf, Diskussionsbeitrag

Sozialistische Revolution oder imperialistischer Krieg!
Sozialismus/Kommunismus oder Kapitalismus/Imperialismus!

Plädoyer für die Gründung einer/der Vereinten Kommunistischen Partei in Deutschland (VKPiD) am 100. Jahrestag der Gründung der Kommunistischen Partei Deutschlands (KPD), dem 30. Dezember 2018
Was ist?

Oberflächliches, scheindemokratisches Jamaika-Gemauschel in Berlin, lancierte, pseudo-aufklärerische Paradise- und Panama-Papers, reaktionäres

AfD-Getöse, protofaschistische Pegida-Inszenierungen, aggressives Russland-, Putin-, Assad- und Maduro-Bashing in Mainstream-Medien und Politik, exzeptionalistisches, höchst gefährliches Trump-Getwitter, US- und EU-imperialistisches Kriegsgeschrei, NATO-Expansion, antisozialistische und antikommunistische Hass-Tiraden, neoliberales Geschwätz, dagegen hilfloses, kleinbürgerlich-pazifistisches, lernresistentes Friedensgefasel, Illusionärer systemimmanenter Sozialdemokratismus, Tradeunionismus und Reformismus seit annähernd 200 Jahren!

Das alles ist nicht mehr zu ertragen!

Diese Pseudo-Debatten, Ablenkungsmanöver, Nebelkerzen beleidigen nur noch den gesunden Menschenverstand! Und die geschichtsblinden Unzulänglichkeiten der Linken bleiben weit hinter dem Notwendigen zurück. Nichts davon bringt die allgegenwärtigen Probleme und Geißel der Menschheit (Hunger, Armut, Krieg, Terrorismus, Gewalt und Kriminalität ausgesetzt, von Klimawandel und Klimakatastrophe bedroht, Ungleichheit, Unterdrückung, Knechtschaft, Sklaverei, Ausbeutung, Beherrschtsein, Fremdbestimmtheit, Entfremdung, menschenunwürdigen Lebensverhältnissen unterworfen, Unfreiheit, Zukunftslosigkeit, Neo-Imperialismus, Neo-Kolonialismus, Rassismus, Sexismus etc.) einer menschenwürdigen Lösung auch nur ein kleines Stück weit näher.

Die menschenverachtenden Oligarchien der Welt wollen verbergen und verschleiern, dass das all diesen Problemen zugrundeliegende Übel, das

kapitalistische System, von dem sie profitieren und das sie nährt, am Ende ist, ins Siechtum gefallen ist, bereiten zumindest den nächsten großen Krieg vor, um sein und damit ihr Überleben als Mächtige zu sichern.

Die Beherrschten dagegen wollen nicht erkennen, dass sie nichts erreichen werden, wenn sie an ihrer bisherigen irrationalen Sisyphos-Strategie festhalten.

Was tun?

Was hindert sie, die Beherrschten, aus der Menschheitsgeschichte endlich zu lernen? Politische Dummheit? Unfähigkeit? Beschränktheit? Resignation? Lethargie? Angst? Angst vor Konsequenzen? Unkenntnis? Mutlosigkeit? Phantasielosigkeit? Eine Mischung wahrscheinlich von all dem und mehr!

Aber:

Lehrt die jüngere Geschichte nicht, dass die Erkenntnis von Friedrich Engels: „die bürgerliche Gesellschaft steht vor einem Dilemma: entweder Übergang zum Sozialismus oder Rückfall in die Barbarei." immer noch Gültigkeit hat?

Hat die jüngere Geschichte die Erkenntnis von Karl Marx: „Die Waffe der Kritik kann allerdings die Kritik der Waffen nicht ersetzen, die materielle Gewalt muss gestürzt werden durch materielle Gewalt, allein auch die Theorie wird zur materiellen Gewalt, sobald sie die Massen ergreift." obsolet werden lassen?

Oder ist im Laufe der Zeit der Erkenntnis von Rosa Luxemburg: „entweder Triumph des Imperialismus und Untergang jeglicher Kultur, wie im alten Rom, Entvölkerung, Verödung, Degeneration, ein großer Friedhof. Oder Sieg des Sozialismus, das heißt der bewussten Kampfaktion des internationalen Proletariats gegen den Imperialismus und seine Methode: den Krieg." der Boden entzogen worden?

Ist es nicht so, dass Wladimir Iljitsch Lenin, Fidel Castro Ruz, Mao Tse Tung, Ho Chi Minh, Che Guevara, Hugo Chavez, um nur einige wenige herausragende Persönlichkeiten zu nennen, und die vielen Millionen Menschen, die mit und nach ihnen in opferreichen antikapitalistischen, antiimperialistischen, antikolonialistischen Abwehr- und Befreiungskämpfen und -kriegen der Diktatur des Kapitals zumindest in ihren Einflussbereichen ein Ende setzen wollten oder konnten, nicht bloß Wahnvorstellungen oder Trugbildern erlegen sind?

Und über den Tellerrand Deutschlands hinaus geschaut: Würden die 11 Millionen Menschen der sozialistischen Republik Kuba, die dem US-Imperialismus bis heute erfolgreich widerstanden haben, die 95 Millionen Menschen der Sozialistischen Republik Vietnam, die unter Millionen von Opfern den französischen und US-amerikanischen Imperialismus besiegt haben, und die 1400 Millionen Menschen der sozialistischen Volksrepublik China, die sich vom britischen und japanischen Kolonialismus befreit haben, wirklich lieber unter rein kapitalistischen Verhältnissen leben wollen?

Was wäre daran erstrebenswert? Würde es ihnen dann besser gehen als heute? Würde es ihnen besser ergehen als den 1340 Millionen Menschen in Indien, deren Herrschende dem Kapitalismus nach der Befreiung vom

britischen Kolonialismus Tür und Tor geöffnet haben, obwohl es in der Präambel der Indischen Verfassung seit 1976 eindeutig und eigentlich unmissverständlich heißt, dass Indien vom Volk als „souveräne, sozialistische, säkulare, demokratische Republik" konstituiert worden ist.

Lehrt all das nicht, jedenfalls bis zum Beweis des Gegenteils, dass das Einzige, was noch Abhilfe schaffen, die Probleme lösen und die geplanten kleinen Kriege und den nächsten großen Krieg noch verhindern kann, der radikale, organisierte, in letzter Konsequenz mit hoher Wahrscheinlichkeit auch bewaffnete Aufstand in Massen ist, die sozialistische Revolution der beherrschten Massen gegen die Herrschaft der Wenigen und das diesmal auch und insbesondere in den Zentren ihrer Macht?

Vorerst?

„Leider konnten wir unsere anvisierten Ziele (…) vorerst nicht erreichen." „nun kommt die Zeit zum Nachdenken. Es werden neue Situationen kommen (…)". Mit diesen Worten machte Hugo Chavez der Bevölkerung in Venezuela Hoffnung auf einen Neuanfang nach dem gescheiterten Putschversuch patriotischer Revolutionäre und Antiimperialisten gegen die kapitalistische Oligarchie im Jahr 1992, der von ihm und anderen zivilen und militärischen Kräften über sage und schreibe 20 Jahre hinweg vorbereitet worden war. Sie wurden aus dem Gefängnis heraus ergänzt durch die Worte: „Vorerst werden wir uns organisieren. Nichts fällt uns in den Schoß. Also reißen wir uns zusammen!"

Nach Jahren beharrlicher organisierter politischer Arbeit konnte schließlich die sozialistische bolivarische Republik Venezuela mit dem von der Bevölkerung direkt gewählten Präsidenten Hugo Chavez ins Leben gerufen werden.

Haben die bisherigen sozialistischen und/oder kommunistischen Parteien in Deutschland ihre anvisierten Ziele erreicht? Die schonungslose Antwort lautet: nein, in Ost wie in West! Die hoffnungsvollere, chavistische: vorerst jedenfalls nicht! Die Zeit zum Nachdenken ist gekommen! Es werden neue Situationen kommen. Es ist die Zeit sich neu zu organisieren! Zeit sich zusammenzureißen!

Zeit also, inne zu halten und - verknüpft mit dem Blick über den bundesdeutschen Tellerrand hinaus - aus den Fehlern aller bisherigen sozialistischen und/oder kommunistischen Parteien/Organisationen in Deutschland zu lernen.

Zukunft?

Der 100. Jahrestag der Gründung der 1. Kommunistischen Partei in Deutschland, der Kommunistischen Partei Deutschlands (KPD), der Partei Rosa Luxemburgs und Karl Liebknechts, ist am 30. Dezember 2018.

Was spricht dagegen, das Jahr bis dahin - ganz im Sinne von Hugo Chavez - zu einem Jahr des Innehaltens und Nachdenkens und der Neu-Organisation zu machen, um wirklich schlagkräftig zu werden für „neue Situationen", die kommen werden?

Was für ein historisches Ereignis wäre es, wenn - selbstlos und im Sinne des Ganzen - alle Egoismen der bisherigen sozialistischen/kommunistischen Parteien und/oder Organisationen in Deutschland vollständig über Bord geworfen werden könnten, auf den Müllhaufen der Geschichte, und aus Fehlern und Unzulänglichkeiten aller und der Geschichte lernend und auf den bisher gemachten Erfahrungen fruchtbar aufbauend am 100. Jahrestag, dem 30.12.2018 also, eine neue Organisation gegründet werden könnte, die

VKPiD   -   Vereinte Kommunistische Partei in Deutschland !

Morbach im Hunsrück, am 09. November 2017, dem 99. Jahrestag der Ausrufung der Freien Sozialistischen Republik Deutschland durch Karl Liebknecht in Berlin

Rainer Stablo

Wesentliche Merkmale der Vereinten Kommunistischen Partei in Deutschland, **in Stichworten**:

1. Grundsätzlich positive, kritisch-konstruktive, internationalistisch-solidarische Bezugnahme auf die mehr oder weniger erfolgreichen Sozialistischen/Kommunistischen Parteien in der Welt, insbesondere Kubas, Vietnams, Chinas, Indiens, aber auch Russlands. Verstärkte Fortsetzung der internationalen Zusammenarbeit mit Kommunistischen und Arbeiterparteien im Rahmen des jährlich stattfinden IMCWP (International Meeting of Communist and Workers' Parties, http://www.solidnet.org/).

Die Linke in Deutschland hat mit Sicherheit nicht die sozialistische/kommunistische Weisheit in der Welt gepachtet. Diesen Glauben zur Grundlage im Umgang mit anderen sozialistischen/kommunistischen Parteien zu machen, wäre ein alter, fataler Fehler, Ausdruck von (typisch deutscher?) Überheblichkeit, Selbstüberschätzung, Hybris.

2. Die Bezeichnung Vereinte Kommunistische Partei **in Deutschland** statt Vereinte Kommunistische Partei **Deutschlands** aus folgendem Grund:

Zukünftig wäre es sicherlich von argumentativem Vorteil, wenn ganz offensiv in die politische Diskussion die Unterscheidung zwischen deutsch und deutschländisch eingeführt würde, analog zur Unterscheidung von russisch und russländisch in der Russländischen Föderation (Russland).

Damit ließe sich politisch differenzierter, treffender, unverfänglicher bezeichnen und argumentieren:

deutsche Sprache = Deutsch
deutsche Staatsangehörigkeit = Staatsangehörigkeit Deutschlands
deutsches Volk = alle Menschen, die die Staatsangehörigkeit Deutschlands haben
deutsche Bevölkerung = alle Menschen, die die Staatsangehörigkeit Deutschlands besitzen und in Deutschland leben
deutsche Nation = deutsches Volk
deutscher Staat = Staat des deutschen Volkes
Deutschland als Vielvölkerstaat

deutschländisches Volk = alle Menschen, die in Deutschland leben, unabhängig davon, ob sie die deutsche Staatsangehörigkeit besitzen oder nicht
deutschländische Bevölkerung = deutschländisches Volk

deutschländische Sprachen = alle Sprachen, die von der Bevölkerung in Deutschland gesprochen werden, Deutsch und alle anderen
deutschländische Nation = deutschländisches Volk
deutschländischer Staat = deutscher Staat

Ergo würde die Bezeichnung Vereinte Kommunistische Partei in Deutschland deutlicher zum Ausdruck bringen, dass das Betätigungsfeld in Deutschland liegt und die Partei weder als Besitztum Deutschlands erscheinen will, noch sich von Deutschland vereinnahmt sehen will!

3. Wehrhafte sozialistische Demokratie! Militärpolitisch sollte an die Erfahrungen (Siege/Niederlagen) der sozialistischen/kommunistischen Bewegungen/Parteien/Regierungen vor allem in Kuba, China, Vietnam, Venezuela, Russland angeknüpft werden. Dasselbe gilt für polizeiliche und geheimdienstliche Strukturbildungen. Es sollte völlig selbstverständlich sein, dass eine sozialistische Regierung in Deutschland auch polizeilich/geheimdienstlich/militärisch in der Lage sein muss, die Errungenschaften erfolgreich gegen gewalttätige innere und äußere Aggressionen zu verteidigen!

4. Grundsätzlich und explizit marxistisch-leninistische Ausrichtung; weitere Bezugspersönlichkeiten: Hugo Chavez, Che Guevara, Fidel Castro, Raul Castro, Ho Chi Minh und andere. Innerparteiliche Struktur: Kombination aus demokratischer Zentralismus/Rätestrukturen (dialektisch verknüpft).

5. Außenpolitik strikt unter Anerkennung des Völkerrechts in der derzeitigen Verfassung Solange es nichts Besseres gibt also kritisch-konstruktive Bezugnahme auf die UN, es gibt derzeit nichts Besseres!

Explizit antiimperialistische Ausrichtung:
Ziel: Unabhängigkeit und Freiheit der Bevölkerung in Deutschland insbesondere von US-amerikanischer imperialistischer Herrschaft.
Ziel: Souveränes Deutschland in einer multipolaren Welt gleichberechtigter Staaten, Länder, Nationen, Völker!

Einzig Erfolg versprechender Weg: sozialistische Revolution.
Diese sozialistische Revolution erfordert strategische Planung. Ohne wissenschaftliche Analyse, Verifikation, Falsifikation, Diskussion und wissenschaftlich begründete Folgerungen bleibt alles erfolgloses Stückwerk!

6. Mischung aus Kader- und Massenpartei, dialektische Verbindung von Vollzeit- und Teilzeit-Revolutionärinnen und -revolutionären. Ohne professionelle Strukturen (Berufsrevolutionärinnen/Berufsrevolutionäre) wird die sozialistische Revolution ein Wunschtraum bleiben.[xvii]

3. Gegen den Strom beim Thema Krieg und Frieden (2017)

kleine Vorrede

Länger kann ich es mir nicht mehr verkneifen, erneut auf das Thema **Krieg und Frieden** zurückzukommen, da ich die bisher darauf bezogenen Antworten der LINKEN nur noch schwer ertragen kann.

Ich halte sie inzwischen für zutiefst oberflächlich und durch (kritische) Vernunft nicht wirklich begründbar.

Sie entbehren meiner Einschätzung nach sowohl formaler als auch politischer Logik, sind Ausfluss und Ausdruck alleine politischer Wünsche und Gefühle, nicht belegbarer Glaubenssätze oder gar sachfremder Funktionalisierung.

Sie sind meines Erachtens ahistorisch, undialektisch, unmaterialistisch und haben mit (links)sozialistischer, kommunistischer oder marxistisch begründeter Politik nicht wirklich etwas zu tun. Da wird ein diffuser Pazifismus dogmatisch an die Stelle eines sozialistisch begründeten Antimilitarismus (im Sinne insbesondere Lenins oder Karl Liebknechts) gesetzt.

Dabei befindet sich jeder Flügel der LINKEN in je einer eigenen Sackgasse. Daraus sich selbst zu befreien oder befreit zu werden tut Not.

Ein ganz konkretes Beispiel soll das Sackgassen-Dilemma verdeutlichen:

Der eine Flügel der LINKEN lehnt Auslandseinsätze der Bundeswehr kategorisch ab (egal ob mit oder ohne Kampfauftrag, egal ob mit oder ohne UN-Mandat). Der andere Flügel lehnt sie nicht kategorisch ab, sondern möchte jeden Einzelfall prüfen und dann im Einzelfall entscheiden können. In Wirklichkeit geht es beiden Flügeln aber gar nicht um die Sache selbst, sondern um die Nichtherstellung bzw. Herstellung von Kompatibilität für eine systemkonforme SPD/Grüne/LINKE-Regierung.

Der dialektische, materialistische, sozialistische Ausweg aus diesem Dilemma wäre dabei sehr einfach: Keine ahistorische kategorische Ablehnung von Auslandseinsätzen der Bundeswehr, sondern Prüfung und Entscheidung im Einzelfall. Bejahung des Auslandseinsatzes aber **dann und**

nur dann, wenn zwei Bedingungen erfüllt sind: a) der Einsatz besitzt völkerrechtliche Legitimität und Konformität sowie b) der Einsatz genügt dem klar definierten sozialistischen, antikapitalistischen, antiimperialistischen, antikolonialistischen Maßstab der LINKEN.

Diesen Maßstab klar und eindeutig und belastbar zu definieren und im Einzelfall unbestechlich zur Richtschnur zu machen, das wäre die eigentliche Aufgabe einer LINKEN, die ihrem Namen gerecht werden will.

Nun aber zum Eigentlichen:

Gegen den Strom

Liebe Genossinnen und Genossen,

auch die jüngsten Ereignisse und Entwicklungen im **Krieg gegen den Islamischen Staat** (IS/ISIS/ISIL/DAESH), **Al Qaida** (HTS) und die vielen anderen terroristische **Dschihadisten** in **Syrien und Irak**, als da sind:

1. die vollständige Befreiung der ersten „Hauptstadt" des IS in Syrien, **Raqqa**,
2. die vollständige Befreiung der zweiten „Haupstadt" des IS in Syrien, **Al Mayadeen**,
3. die Befreiung weiter Gebiete westlich und östlich des Euphrats in der Region **Deir Ezzor** und Al Mayadeen,
4. die unmittelbar bevorstehende Befreiung der letzten vom IS terrorisierten Stadtteile von Deir-Ezzor,
5. die greifbar nahe Befreiung aller sonstigen vom IS besetzten/beherrschten/terrorisierten Gebiete in Syrien (und Irak),
6. die weitgehende Neutralisierung/Isolierung/Eindämmung von Al Qaida (HTS) und anderen dschihadistischen Terrorgruppen durch starken militärischen Druck,

widerlegen oder untergraben augenfällig einige der **„Selbstverständlichkeiten"**, **„Grundwahrheiten"** oder **„roten Haltelinien"** der **LINKEN** in Bezug auf **Krieg und Frieden** oder rücken sie zumindest in ein anderes Licht:

„Bomben schaffen keinen Frieden."

Was bedeutet Frieden?

Frieden bedeutet im Kern das Gegenteil von Krieg, die Abwesenheit von Krieg, lokal, regional, global. Dieser Zustand ist in der bisherigen Menschheitsgeschichte lokal und regional immer nur ein vorübergehender Zustand gewesen, jederzeit umkehrbar, global hat es ihn mit größter Wahrscheinlichkeit noch nie gegeben.

Und, das zeigt die Geschichte allzu deutlich, Bomben (und andere Waffen) haben Kriege nicht nur befeuert, sondern oft auch beendet, also Frieden oder zumindest die Voraussetzungen für Frieden geschaffen!

Die Geschichte hat insofern längst bewiesen, dass der Wahrheitsgehalt des Satzes „Bomben schaffen keinen Frieden." gleich Null ist. Als Aussage, Feststellung und Behauptung ist der Satz durch die Geschichte eindeutig widerlegt. Der Satz ist schlicht falsch und die häufige Wiederholung durch Linkspartei und Linksfraktion (siehe zwei Beispiele im folgenden Exkurs) macht ihn nicht richtig.

Nicht nur gegen die faschistische Diktatur in Deutschland, auch in Japan und Korea, in Russland und China, in Kuba und Vietnam und anderswo haben Bomben und Waffen zu Siegen geführt und Frieden begründet.

Nicht anders als heute in Syrien und Irak, wo die Bomben der syrischen und irakischen Regierungsarmeen (und ihrer jeweiligen Verbündeten) gegen die islamistischen Terroristen des IS, von al-Qaida und all die anderen dschihadistischen Banden in Mossul, Raqqa, Aleppo, Palmyra, Deir Ezzor, Mayadeen ... entscheidend dazu beigetragen haben und beitragen, den Krieg nicht nur an diesen Orten sondern in absehbarer Zeit auch insgesamt zu beenden!

Für LINKE sollte im Übrigen völlig unstrittig sein, dass es dauerhaften Frieden - vor allem global - erst in nachkapitalistischen Zeiten geben kann und wird.

Exkurs

Beispiel 1: In einem Flugblatt der Linksfraktion vom 27.11.2015 (http://neu-alexander.de/files/2015/12/20151127-bomben-schaffen-keinen-frieden.pdf), das bei nicht nur oberflächlicher Lektüre mehr Fragen aufwirft als es Antworten gibt, wird unter der Überschrift: „Bomben schaffen keinen Frieden!" unter anderem ausgeführt:

„Man wird den terroristischen Islamischen Staat (IS) nicht mit militärischen Mitteln besiegen können, solange es weiter Geldströme gibt und der IS mit Ölgeschäften weiter agieren kann. Es müssen jetzt alle zivilen Möglichkeiten ausgeschöpft werden, den IS tatsächlich zu schwächen: Der IS muss besiegt werden, indem konsequent sein Nachschub an Waffen und Kämpfern sowie die IS-Finanzströme unterbunden werden. Dazu müssen sämtliche Waffenexporte in die Region gestoppt, die militärische Zusammenarbeit mit den größten Terror-Sponsoren Saudi-Arabien und den Golfstaaten beendet und die Türkei endlich dazu bewegt werden, die Grenze zu Syrien für jegliche IS-Unterstützung zu schließen."

Was ist von solchen Formulierungen zu halten?

Zunächst einmal, wer ist mit man gemeint? Die in Syrien völkerrechtswidrig agierende US-Koalition? Die in Syrien legitim und völkerrechtskonform agierende syrische Regierung und ihre Verbündeten (u.a. Russland, Iran, Hisbollah)? Die völkerrechtskonform im Irak agierende irakische Regierung und ihre Verbündeten (incl. Deutschland und USA!)?

Mehr noch. Ist der IS nun mit militärischen Mitteln zu besiegen? Ja oder nein? „Solange es weiter Geldströme gibt und der IS mit Ölgeschäften weiter agieren kann", nach Ansicht der Linksfraktion offenbar nein! Bei Wegfall dieses einschränkenden Halbsatzes (angeblich durch zivile Möglichkeiten zu erreichen!) im Umkehrschluss also Ja!

Wer das dann militärisch bewerkstelligen soll?

Im Übrigen, um wie viel wären die Machtbereiche von IS, Al Qaida etc. bis heute verkleinert worden, ihre Terrorherrschaften zurückgedrängt worden, wäre nach der skizzierten „Strategie" der LINKEN (Ausschöpfung der zivilen Möglichkeiten) verfahren worden?

Das Gegenteil wäre höchst wahrscheinlich der Fall.

Beispiel 2: In einem Interview mit RT am 05.12.2016 führte Sahra Wagenknecht zu Krieg und Frieden und Bomben in Syrien unter anderem Folgendes aus:

„(...) das Wichtigste, was wir in Syrien brauchen, ist ein Ende der Bombardements, ist ... auch eine gemeinsame Anstrengung, wirklich den islamischen Staat und die anderen islamistischen Terrorbanden zurückzudrängen, (...). (...) natürlich geht es auch darum, dass die Ursachen für Kriege behoben werden, also dass man nicht Waffen liefert, wo Kriege stattfinden, sondern dass man konkret zum Beispiel in Syrien wirklich alles daran setzt, dass es dort Frieden gibt, dann gäbe es ja keinen Grund mehr, aus Syrien zu fliehen, wenn dort endlich Frieden hergestellt ist und (...) der islamische Staat zurückgedrängt wird."

Das Interessanteste an den Aussagen Sahra Wagenknechts ist das, was nicht gesagt wird: Was versteht Sahra Wagenknecht unter Zurückdrängung des IS? Wie anders als militärisch sollen der IS und die anderen islamistischen Terrorbanden wirksam und wirklich zurückgedrängt werden? Und wenn militärisch, dann von wem?

Exkurs Ende

„Frieden schaffen ohne Waffen!"

Dieser Satz aus dem Europa-zentrischen Berliner Appell von 1982 ist im Gegensatz zu „Bomben schaffen keinen Frieden" keine längst widerlegte Aussage, sondern eine Aufforderung zum Handeln. Sie ist daher nicht falsch und im Kern eine menschenfreundlich ehrenwerte/hehre. Die raue Wirklichkeit sieht aber leider (meist) anders aus, innerhalb Europas (Jugoslawien, Ukraine) wie außerhalb Europas. Insbesondere IS, Al Qaida etc. in Syrien/Irak/Libyen/Ägypten/Jemen ... würden sich einen feuchten Kehricht um diesen Aufruf kümmern und die Region und die halbe Welt mit noch mehr Mord und menschenverachtendem Terror überziehen.

„Schwerter zu Pflugscharen!"

Für diese von der DDR-Friedensbewegung übernommene Aufforderung gilt das zu „Frieden schaffen ohne Waffen" Gesagte in ähnlicher Weise. Darüber hinaus sollte es für LINKE eigentlich vollkommen klar sein, dass (alle) Schwerter verantwortlich erst dann zu Pflugscharen gemacht werden können, wenn Kapitalismus, Kolonialismus und Imperialismus unumkehrbar der Vergangenheit angehören. Bis dahin muss die legitime Verteidigung gegen jede Art von menschenverachtender Gewalt auch bewaffnet möglich bleiben, ebenso wie militärischer Schutz und Verteidigung sozialistischer und kommunistischer Gesellschaften gegen bewaffnete Angriffe und Aggression.

„Bundeswehr abschaffen!"

LINKE, die sich diese Forderung u. a. der DFG-VK zu Eigen machen, bringen damit eine Reihe merkwürdiger Denkmuster zum Ausdruck. Sie hegen entweder die Illusion, ohne militärische Absicherung bzw. glaubwürdige Verteidigungsbereitschaft ließe sich ein Aggressor von einer Aggression abhalten oder aber die Illusion, die Erduldung einer Aggression sei das kleinste

von allen Übeln. Kleiner gegenüber dem gescheiterten Versuch einer Abwehr oder - noch fragwürdiger - gegenüber der gelungenen Abwehr einer

Aggression. Oder liegt der Forderung nach Abschaffung der Bundeswehr die Überzeugung zugrunde, die Abwehr einer Aggression sei von vorne herein unmöglich?

Für LINKE sollte ein Blick über den bundesdeutschen Tellerrand hinaus genügen, um zu realisieren, wie unausgegoren und kurzsichtig die Parole „Bundeswehr abschaffen!" in Wirklichkeit ist. Ein unverstellter, rationaler, kritisch-solidarischer Blick auf die sozialistische Republik Kuba (Revolutionäre Streitkräfte), die sozialistische Republik Vietnam (Vietnamesische Volksarmee), die Bolivarische Republik Venezuela (Bolivarische Nationale Streitkräfte), die sozialistische Volksrepublik China (Volksbefreiungsarmee) sollte einen realistischeren Ansatz begründen.

Exkurs

Beispiel China: Die Kommunistische Partei Chinas (KPCh) hat aktuell rund 89 Millionen Mitglieder. Sie ist damit nicht nur die zahlenmäßig größte Kommunistische Partei der Welt sondern die größte Partei der Welt überhaupt.

Gerade ist der 19. Parteitag der KPCh zu Ende gegangen. Dabei hat sich die KPCh erneut der Weiterentwicklung der Sozialistischen Demokratie in China verpflichtet und sich dafür ehrgeizige Ziele gesetzt.

Eines der Kernelemente des weiteren Aufbaus des „Sozialismus chinesischer Prägung" ist die „Modernisierung der Landesverteidigung und Armee". Bis zum Jahr 2035 soll dies umgesetzt werden und „die Volksarmee bis Mitte dieses Jahrhunderts umfassend zu einer Armee von Weltrang" entwickelt werden (siehe z.B. http://german.xinhuanet.com/2017-10/18/c_136689281.htm).

In den Worten Xi Jinpings, des wiedergewählten Generalsekretärs des Zentralkomitees der KPCh, aus den Jahren 2012/2013 (siehe **Xi Jinping, China regieren**, Verlag für fremdsprachige Literatur, Peking 2014) geht es dabei um die Umsetzung der „militärisch-strategischen Richtlinie der aktiven Defensive" auf der Basis „des Wissenschaftlichen Entwicklungskonzeptes".

Dies soll zu einer revolutionären Volksbefreiungsarmee führen, die die „Souveränität und Sicherheit" der Volksrepublik China gewährleisten kann.

„Jederzeit kampfbereit zu sein, muss nach wie vor vorrangig für unsere Armee sein, und wir müssen unsere Abschreckungs- und Kampffähigkeiten im Informationszeitalter umfassend steigern sowie unsere Souveränität, Sicherheit und Entwicklungsinteressen wahren. Die gesamte Armee muss militärischen Übungen strategische Bedeutung beimessen, um ihre reale Kampffähigkeit ständig zu erhöhen."

„Es gilt, unsere Streitkräfte nach den Erfordernissen eines realen Krieges hart und strikt zu trainieren. Bei der Modernisierung der Armee soll den Vorbereitungen auf militärische Kämpfe ständig Vorrang eingeräumt werden, um die Fähigkeiten der Armee zur Erfüllung vielfältiger militärischer Aufgaben, von denen die Fähigkeit zum Gewinnen lokal begrenzter Kriege unter den Bedingungen der Verbreitung der Informationstechnologie den Kern bildet, umfassend zu erhöhen."

„Wir müssen unsere militärische Reform weiter vertiefen und ein System moderner militärischer Kräfte chinesischer Prägung aufbauen", eine „revolutionäre Volksarmee, die dem Kommando der Partei folgt", „im Ernstfall auch kampf- und siegesfähig".

Xi Jinping betont zugleich den friedliebenden Charakter der Volksrepublik China: „Die chinesische Nation ist eine friedliebende Nation. Kriege aus der Welt zu schaffen und Frieden zu erreichen, ist seit dem Eintritt in die Moderne die dringlichste und größte Sehnsucht des chinesischen Volks."

Im rein quantitativen Vergleich zur KPCh stellt die Partei DIE LINKE in Deutschland mit ihren rund 60 Tausend Mitgliedern eine fast vernachlässigbare Größe dar. Die Frage drängt sich auf, warum dies in Bezug auf die militärpolitischen Vorstellungen der LINKEN anders sein sollte, und auch die Frage, ob nicht ein großes Maß an Hybris dazu gehört, zu glauben oder zu behaupten, die militärpolitische Position der LINKEN in Deutschland sei das Gelbe vom Ei.

Exkurs Ende

Vernünftigerweise sollte DIE LINKE sowohl in Opposition als auch in (sozialistischer) Regierungsverantwortung sich für die Schaffung von effektiven, der Bevölkerung verbundenen und verpflichteten, demokratisch kontrollierten, sozialistischen Verteidigungsstreitkräften stark machen, die gegen jede Art von Aggressionen von außen bestehen können, sich aber jeder Art eigener Aggression nach innen oder außen enthalten. Statt „Bundeswehr abschaffen!" müsste die Parole linker politischer Logik lauten:

„Sozialistische Verteidigungsstreitkräfte aufbauen!".

„Rüstungsproduktion einstellen!"

Hier gilt Ähnliches wie in Bezug auf die falsche Forderung „Bundeswehr abschaffen!". Dieselbe linke politische Logik, die den Aufbau sozialistischer Verteidigungsstreitkräfte verlangt, führt zwingend zur Formel:

„Sozialistische Rüstungsproduktion unter gesellschaftlicher Verwaltung und demokratischer Kontrolle aufbauen!"

„Rüstungsexporte beenden!"

Diese Forderung ist selbst unter jetzigen Vorzeichen eine falsche. Warum beispielsweise sollten Rüstungsexporte an die Regierungen Iraks und Syriens, die dem Zweck dienen, den IS, Al Qaida etc. in Syrien/Irak zu besiegen, nicht durchgeführt werden?

Die alles entscheidenden Kriterien für oder gegen einen Waffenexport dürften für eine LINKE, egal ob sie sich in Opposition befindet oder in (sozialistischer) Regierungsverantwortung, alleine lauten, ob

a) der Einsatz der exportierten Waffen im Rahmen des Völkerrechts erfolgen soll und wird
und
b) der Einsatz einem sozialistischen, antikapitalistischen, antiimperialistischen, antikolonialistischen Maßstab genügt.

Die eigentliche und vordringliche Aufgabe bestünde daher darin, den sozialistischen, antikapitalistischen, antiimperialistischen, antikolonialistischen Maßstab zu definieren und in jedem Einzelfall zur Anwendung zu bringen.

Rüstungsexporte an Staaten, Nationen, Völker, Verbündete, die diesen Kriterien genügen und ganz dem Zweck der Selbstverteidigung gegen militärische Aggressionen von außen dienen, sollten daher für eine LINKE, die sich internationalistische Solidarität auf die Fahnen schreibt, eine Selbstverständlichkeit sein.

„Keine Auslandseinsätze der Bundeswehr!"

Auch hier hat DIE LINKE bereits unter heutigem Vorzeichen eine andere, politisch intelligentere, Antwort zu geben als sie es mit dieser Forderung bisher tut.

Auslandseinsätze der Bundeswehr sollten (in Opposition) nicht grundsätzlich abgelehnt werden, sondern dann unterstützt werden, wenn sie

a) völkerrechtliche Legitimität und Konformität besitzen
und
b) dem sozialistischen, antikapitalistischen, antiimperialistischen, antikolonialistischen Maßstab der LINKEN genügen.

Dass dies nur mit einer gut ausgebildeten und ausgestatteten Bundeswehr geschehen kann, ist dabei selbstverständlich.

Nach dem Aufbau sozialistischer Verteidigungsstreitkräfte und in sozialistischer Regierungsverantwortung stellt sich die Situation nicht anders dar.

Morbach, den 26.10.2017

Rainer Stablo

Anhang:

LINKE „Selbstverständlichkeiten", „Grundwahrheiten", „rote Haltelinien" in Sachen Krieg und Frieden auf den Prüfstand gestellt und ins linke Licht gerückt:

Falsch		Richtig
Bomben schaffen keinen Frieden!		Auch Bomben können Frieden schaffen!
	Frieden schaffen ohne Waffen!	Auch Waffen können Frieden schaffen!
	Schwerter zu Pflugscharen!	
Bundeswehr abschaffen!		Sozialistische Verteidigungsstreitkräfte aufbauen!
Rüstungsproduktion einstellen!		Sozialistische Rüstungsproduktion unter gesellschaftlicher Verwaltung und demokratischer Kontrolle aufbauen!
Rüstungsexporte beenden!		Rüstungsexporte unterstützen, wenn sie a) völkerrechtlich legitim und konform sind und b) sozialistischem, antikapitalistischem, antiimperialistischem, antikolonialistischem Maßstab genügen!
Keine Auslandseinsätze der Bundeswehr!		Auslandseinsätze der Bundeswehr bzw. der sozialistischen Verteidigungsstreitkräfte unterstützen, wenn sie a) völkerrechtlich legitim und konform sind und b) sozialistischem, antikapitalistischem, antiimperialistischem, antikolonialistischem Maßstab genügen!

Enno   Keke

Quellen

[i] Fidel Castro, Ignacio Ramonet, Mein Leben, 2008, S. 241
[ii] Fidel Castro, Rede vor der UN-Vollversammlung 1960, http://www.fidelcastro.cu/de/discursos/rede-des-comandante-en-jefe-fidel-castro-ruz-am-sitz-der-vereinten-nationen-usa-am-26, abgerufen 03.01.2020
[iii] Fidel Castro, Ignacio Ramonet, Mein Leben, 2008, S. 427
[iv] ebenda, S. 591
[v] Hellmut Kapfenberger, Ho Chi Minh, 2009, S. 244
[vi] Ernesto Che Guevara, Schaffen wir zwei, drei, viele Vietnam, http://www.infopartisan.net/archive/1967/266738.html, abgerufen 02.01.2020
[vii] Gaston Salvatore, Rudi Dutschke, Einleitung zu Che Guevara, Schaffen wir zwei, drei, viele Vietnam, 1967, http://www.infopartisan.net/archive/1967/2667133.html, abgerufen 03.01.2020
[viii] Oskar Lafontaine, Ami go home!, https://www.facebook.com/oskarlafontaine/posts/2727696543958462, abgerufen 02.01.2020
[ix] Gerhard Schröder, https://www.jungewelt.de/artikel/369734.ex-kanzler-schr%C3%B6der-kritisiert-us-sanktionen.html, abgerufen 02.01.2020
[x] Herbert Marcuse, Konterrevolution und Revolte, 1973, S. 8
[xi] Hugo Chávez, http://www.angelfire.com/ar3/mbr200/ideologia/porahora.html, abgerufen 02.01.2020
[xii] N. Lenin, G. Sinowjew, Gegen den Strom, 1921, S. 119
[xiii] Kurt Tucholsky, ganz anders, Gegen den Strom, S. xxx
[xiv] Joseph Weizenbaum, kurs auf den eisberg, 1984, S. 54
[xv] Greta Thunberg, https://k.at/news/millionen-menschen-in-aller-welt-bei-klimademos/400618796, abgerufen 03.01.2020
[xvi] Ernesto Che Guevara, https://de.wikipedia.org/wiki/Internationaler_Vietnamkongress, abgerufen 03.01.2020
[xvii] Rainer Stablo, Die Linke. Und ich 3, 2020, S. 31ff
[xviii] ebenda, S. 41ff